Ernestine Fittkau

Bunte Masken aus Papier

CHRISTOPHORUS
BRUNNEN-REIHE

Inhalt

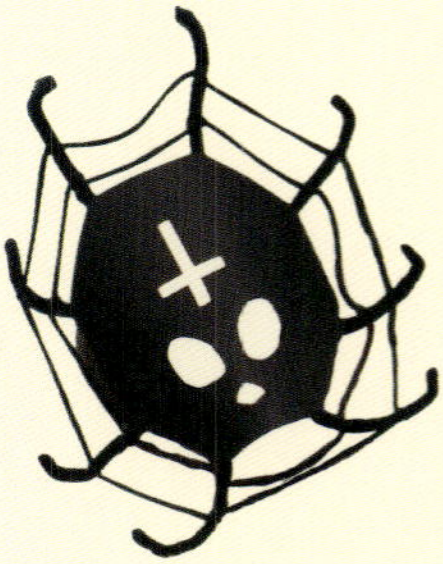

Spaß mit Masken

Gruselig-schön und Safari-wild präsentieren sich die Masken, witzig und pfiffig die Sonnenschilde. Einfache Modelle wie Giraffen-Sonnenschild oder die Tiger-Maske können schon die ganz Kleinen ausschneiden und auf einem Kindergeburtstag „Wilde Tiere“ anprobieren. Ruhiger gefeiert wird vielleicht mit Blüten-Masken oder als Maler und Koch auf einem „Handwerker-Fest“ – und sofort bieten sich viele Ideen zur interessanten Anwendung an: im Garten feiern, zusammen Pizza oder Plätzchen backen, mit Stift oder Pinsel kreativ werden.

Schaurige „Halloween-Gespenster-Feste“ finden auch bei Teenies noch Anklang. Wen reizt nicht eine „Gefährliche Seefahrt“ mit Krokodil und Hai? Zum Glück gibt es noch den sympathischen Fisch in Regenbogenfarben, Leuchttürme am Ufer und ein freundliches Nilpferd. Mit bunten Federn schmückt sich „Robin Hood“, der flotte Hut wird auch von Mädchen gerne getragen.

Aber nicht nur für fröhliche Feste eignen sich die hübschen Sonnenschilde, Masken und Hüte, die übrigens ganz schnell gefertigt sind. Als Mitbringsel überreicht, kommt gleich Stimmung auf. Und als Geburtstagsgeschenk mit passendem T-Shirt vermag ein lustige Marienkäfer-Sonnenschild vielleicht sogar eine „Sommerparty“ auszulösen. Probieren Sie es aus!

Viel Spaß beim Basteln und Spielen wünscht Ihnen

Ernestine Fittkau

Das Material

Die Papiere

Das Grundmaterial für die meisten der hier gezeigten Masken und Hüte ist *Tonpapier* und *Tonkarton*, beides ist in vielen kräftigen Farben und in Regenbogenfarben erhältlich. *Canson* zeichnet sich durch eine geprägte Oberfläche und schöne Farbtöne aus, als Ersatz kann Tonkarton verwendet werden. Eine besondere Wirkung erzielt *Fotokarton*, dessen Design dem Aussehen der Tiere in freier Wildbahn, im Garten oder am Bauernhof nachempfunden ist. *Getupfter, gestreifter* oder *karierter Fotokarton* lädt ein zur verspielten Gestaltung der Motive. *Wellpappe* verleiht den Masken ganz besondere Strukturen und kann auch ein „Fell" andeuten.

Ergänzende Materialien

Die Motive können mit *Naturbast* , mit *Satinbändern*, bunten *Holzperlen*, farbigen *Federn, Reisig, Heu* oder *Efeuranken*, mit kleinen *Holzstreuteilen* und mit *Wackelaugen* dekoriert werden. Aus *Papierdrahtkordeln* und *Pfeifenputzern* lassen sich Arme, Fühler oder Blütenstängel formen. Zum Befestigen der Masken, Sonnenschilde und Hüte ist *Hutgummiband* (Stoffgeschäft) nötig.

Die Hilfsmittel

Mit einer *großen spitzen Nadel* wird das Hutgummi angebracht, mit *schwarzem wasserfestem Filzstift* in verschiedenen Stärken sind die Masken ausgestaltet.

Das Schneiden und Kleben

Eine *gut schneidende Schere*, eine *kleine spitze Schere* für Innenausschnitte oder ein Cutter sind für sauberes Arbeiten wichtig.
Achtung: Der scharfe Cutter und spitze Scheren gehören nicht in Kinderhände! Kinder sollten eine Schere mit abgerundeten Ecken verwenden.
Als Klebstoff eignet sich ein *Alleskleber* wie UHU Alleskleber extra oder ein *kraftvoller Klebstoff*, z.B. UHU Alleskleber Kraft, gut. Zum Anbringen von ausschmückenden Teilen ist gelegentlich ein *Heißkleber* (nur für Erwachsene!), z.B. UHU pistole LT 110 XL, nützlich.

HINWEIS

Scheren, Klebstoff, eine große spitze Nadel und Hutgummi sind für alle der vorgestellten Beispiele nötig. Sie werden daher in der Materialliste nicht mehr eigens angeführt.

So geht's

Das Übertragen der Motive

Übertragen Sie die einzelnen Teile des Motivs vom Vorlagenbogen auf *Transparentpapier*. Sie können die Teile auf dünne Pappe oder Tonkarton kleben und ausschneiden, so erhalten Sie Schablonen. Oder das Transparentpapier mit der Vorderseite auf den farbigen Tonkarton legen und das Motiv durch Nachfahren mit einem Bleistift übertragen.

Das Ausschneiden

Schablonen auf Tonkarton, Fotokarton oder Wellpappe legen und mit einem Bleistift umrunden. Die Motive mit einer Schere ausschneiden. Dabei die Bleistiftlinien mit wegschneiden. Die Innenausschnitte mit einer kleinen spitzen Schere oder einem Cutter an-bringen. Wenn zwei Teile mit Innenausschnitten aufeinander gefügt werden (z.B. Pinguin), diese nach dem Zusam-menkleben deckungsgleich nachschneiden.

HINWEIS

Bei mehrteiligen Masken ist es hilfreich, die Teile zunächst mit Büroklammern aneinander zu fügen, um das Gewicht auszubalancieren.

Die Sonnenschilde

Die bei den Sonnenschilden vorgegebenen Falzlinien mit einem spitzen Gegenstand leicht vorritzen, dann erst falzen. Die aufgestellten Teile können mit einem farblich passenden Band, Garn oder Bastfaden im Halsbereich des Motivs stabilisiert werden.

Das Befestigen

Die fertigen Motive vor das Gesicht halten, so dass man hindurchsehen kann. Den Punkt markieren, der vom Auge aus eine Waagrechte zum Ohr bildet, an dieser Stelle das Hutgummi einziehen und festknoten. Dann das Hutgummi waagrecht hinter der Maske auflegen, auf der anderen Seite erneut einstechen und beide Enden verknoten.
Bei den Sonnenschilden an den vorgegebenen Markierungen einstechen und die Enden an den Seiten verknoten. Der Sonnenschild sollte leicht gebogen auf dem Kopf sitzen, ohne die Sicht zu behindern. Das Hutgummi liegt etwa in der Mitte des Hinterkopfes. Die Hüte ebenfalls anprobieren und das Hutgummi entsprechend anfügen. Die vorgegebenen Markierungen sind jeweils nur Richtlinien, die ausprobiert werden müssen.

Gespensterzeit

Material

Kürbis
- Tonkarton in Dunkelgrün, Orange
- Tonpapier in Hellgrün
- Naturbast, ca. 60 cm lang
- Holzstreuteil: Schnecke
- schwarzer Filzstift

Gespenst
- Tonkarton in Weiß
- Tonpapier in Grün
- Papierdrahtkordel in Grün, 30 cm lang
- Pfeifenputzer in Hellgrün, ca. 18 cm lang
- schwarzer Filzstift

Spinne
- Tonkarton in Schwarz, Orange
- 2 schwarze Pfeifenputzer, je 25 cm lang
- schwarze Kordel oder dicke Wolle, 2,40 m lang

- Heißkleber

Vorlagen 1 – 3

Kürbis

Kürbis, Haare und Zähne ausschneiden, Gesicht herausschneiden. Die grünen Haarteile aufkleben, die Zähne von hinten anbringen. Den Kürbis bemalen und mit einer Schleife aus Bast dekorieren. Die Holzschnecke platzieren und das Hutgummi anbringen.

Gespenst

Alle Teile nach der Vorlage ausschneiden. Aus dem Kopf die Augen herausschneiden. Das Gesicht aufmalen, die Nase aufkleben. Den Kopf auf den Körper kleben, die grünen Haare dazwischenfassen. Den Spinnenkörper bemalen, mit Heißkleber sechs 3 cm lange Pfeifenputzerstücke als Beine anbringen, auf das Gespenst kleben. Zwei 15 cm lange Stücke Papierdrahtkordel als Arme von hinten fixieren, vorne die Hände aufkleben (Heißkleber!). Hutgummi anbringen.

Spinne

Die Grundform ausschneiden, Augen und Nase herausschneiden. Das orangefarbene Kreuz fertigen und aufkleben. An jeder Ecke von hinten ein 12,5 cm langes Stück Pfeifenputzer mit Heißkleber fixieren. Diese Beine mit den zwei 1, 20 m langen schwarzen Kordeln umwickeln, die Enden festknoten und kurz abschneiden. Hutgummi am Tonkarton anbringen.

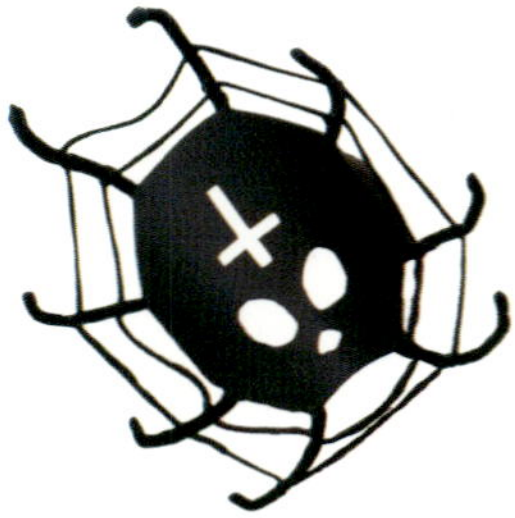

Material

Nilpferd

- Fotokarton in Blau-Weiß kariert
- Tonkarton in Weiß, Blau
- blaues Deko-Papierband, 5 cm breit, ca. 10 cm lang
- 2 Wackelaugen, 2 cm Ø
- blauer Bast
- schwarzer Filzstift

Leuchtturm

- Fotokarton in Blau-Weiß gestreift
- Tonkarton in Blau,
- Tonpapier in Rot, Gelb, Weiß

Frosch

- Tonpapier in Grün, Weiß, Gelb
- 2 Wackelaugen, 3 cm Ø
- Holzstreuteil: Frosch
- schwarzer Filzstift

Seesternkette

- Fotokarton in Blau-Weiß gestreift und Blau-Weiß getupft
- Tonkarton in Blau
- 6 blaue Holzperlen, 1 cm Ø
- Hutgummi

Vorlagen 4 – 7

Am Wasser

Nilpferd

Die Grundform und kleine Bäckchen aus Fotokarton, Maul und Nasenlöcher aus Tonkarton aufkleben. Wackelaugen anbringen und Konturen aufmalen. Das Papierband mit Bast zur Schleife binden und aufkleben. Das Hutgummi befestigen.

Leuchtturm

Die Grundform aus Tonkarton fertigen. Den gestreiften Leuchtturm von hinten an das Schild kleben und hochknicken. Ein rotes Fenster und Warnsignal ankleben. Aus Tonpapier drei kleine Schiffe falten (an den markierten Stellen einfach umknicken) und auf das Schild kleben. Hutgummi anbringen.

Frosch

Die Grundform ausschneiden. Die Seerose in Weiß und Gelb fertigen, sechs grüne Schilfgräser (ca. 15 x 2,5 cm) zuschneiden. Die Gräser hinter, den Holzfrosch auf die Seerose kleben. Gesicht malen, Wackelaugen und die Seerose auf den Sonnenschild kleben. Hutgummi anpassen.

Seesternkette

Fünf Seesterne ausschneiden. Auf das Hutgummi im Wechsel Perlen (Faden immer zweimal durchziehen) und Seesterne aufschieben.

Traumberufe

Material

Koch
- Tonkarton in Weiß, Rot
- Naturbast
- kariertes Schleifenband in Rot-Weiß, 1 cm breit, 40 cm lang
- Satinband in Rot, 3 mm breit, 20 cm lang
- Holzminiaturen: Wellholz, Mehlschaufel
- 2 Wackelaugen, 1,5 cm Ø
- dicker Filzstift in Schwarz
- Heißkleber

Maler
- Tonkarton in Weiß, Schwarz
- Tonpapier in Rot
- Zeitungspapier
- kurzer Borstenpinsel, ca. 15 cm lang
- Naturbast, ca. 30 cm lang
- 2 Wackelaugen, 7 mm Ø
- schwarzer Filzstift
- Bastelfarbe in Rot, Grün

Vorlagen 8 – 9

Koch

Die Grundform und Mütze in Weiß, die Tasche in Rot zuschneiden. Die Mütze mit Filzstift bemalen, das Gesicht zeichnen, die Tasche aufkleben. Die Wackelaugen anbringen. Etwas Klebstoff am oberen Kopfrand auftragen und ca. 2 cm lange Baststücke als Haare anbringen. Nach dem Trocknen zurechtschneiden und die Mütze aufkleben. Das Band zur Schleife binden, mit dem Satinband zusammenfassen und an den Enden jeweils ein Holzteil festknoten. Einen Teil der Schleife auf dem Schild, das andere am Hals des Motivs fixieren (Heißkleber!). Hutgummi einziehen.

Maler

Die Grundform aus weißem und die Haare aus schwarzem Tonkarton, das Halstuch aus rotem Tonpapier ausschneiden. Den Haaren „Fransen" schneiden und aufkleben. Den Kopf an der markierten Stelle nach oben knicken. Aus Zeitungspapier einen Hut falten (s. Vorlage). Hut, Tuch und Wackelaugen aufkleben, das Gesicht malen. Mit Bastelfarbe rote und grüne „Spritzer" auftupfen (Pinsel oder Finger), trocknen lassen. Den Pinsel mit Bast an Hals und Tuch festbinden, die Enden über dem Pinsel zur Schleife knoten. Hutgummi anbringen.

HINWEIS

Dieser Sonnenschild eignet sich auch gut als Einladungskarte für ein „Malerfest". Den Namen des Gastes auf das Halstuch schreiben, den Text auf die Rückseite.

Eisbär & Pinguin

Material

Eisbär
- Fotokarton in Blau-Weiß kariert
- Tonkarton in Weiß, Schwarz
- Wellpappe in Weiß

Pinguin
- Fotokarton in Gelb-Weiß kariert
- Tonkarton in Schwarz, Orange
- Tonpapier in Weiß
- schwarzer Filzstift

Vorlagen 10 – 11

Die Grundform des **Eisbären** aus weißem, Nase und Schnauze aus schwarzem Tonkarton fertigen. Die Augen herausschneiden. Maul, Innenohren und „Fell" aus Wellpappe, den Fisch aus Fotokarton ausschneiden. Die Teile zusammenkleben, den Fisch hinter das Maul schieben. Hutgummi anbringen.

Für den **Pinguin** die schwarze Grundform fertigen, die Augen herausschneiden. Das weiße Gesicht aufkleben, die Augen deckungsgleich nachschneiden. Nase und Fisch aus orangefarbenem Tonkarton, dann den karierten Fisch anbringen und das Maul aufmalen. Hutgummi befestigen.

Safari

Abbildung und Materialangaben auf Seite 14-15

Die Grundformen für **Tiger, Zebra und Leopard** ausschneiden. Dem Tiger eine Schnauze, dem Leoparden Schnauze und Innenohren, dem Zebra Maul und Haarbüschel in Schwarz und weiße Nasenlöcher aufkleben. Die Augen herausschneiden. Gesichter malen. Dem Tiger sechs ca. 20 cm lange Barthaare einziehen und das Haarbüschel (12 Baststücke à 7 cm) von hinten (Heißkleber!) anbringen. Dem Leoparden drei ca. 25 cm lange Barthaare aus Bast einziehen. Beim Zebra die schwarze Unterlippe von hinten ankleben und das mit Bast zusammengebundene Heu im Maul fixieren. Hutgummi anbringen.

Safari

Material

Zebra
- Fotokarton „Zebra“
- Tonkarton in Schwarz, Weiß
- Naturbast
- ein Büschel Heu, ca. 20 cm lang
- Heißkleber

Leopard
- Fotokarton „Leopard“
- Tonkarton in Schwarz
- Naturbast
- dicker wasserfester Filzstift in Schwarz

Tiger
- Fotokarton „Tiger“
- Tonkarton in Schwarz
- Bast in Goldgelb
- wasserfester schwarzer Filzstift
- Heißkleber

Vorlagen 12 – 14

Beschreibung auf Seite 12

Robin Hood

Die **grüne Hutform** ausschneiden. Den Schlitz für die Papierfeder mit dem Cutter einschneiden, ein wenig überlappend zusammentackern. Die Papierfeder in den vorgesehenen Schlitz stecken und von innen festkleben. Die Marabufedern mit Heißkleber anbringen, das Reisig und den Holzpilz darauf kleben. Hutgummi einziehen und anpassen.

Den **gelben Hut** ebenso arbeiten. Die Marabufedern wie folgt anbringen: zwei vorne auf der Papierfeder ankleben, dabei die Papierkordel dazwischenfassen und nach außen biegen, eine Feder von hinten ankleben. Die Blüten ausschneiden und auf dem Hut verteilen. Hutgummi anpassen und befestigen.

Material

Grüner Hut
- Canson oder Tonkarton in Dunkelgrün
- 3 dunkelgrüne Marabufedern
- etwas Reisig
- Holzstreuteil: Pilz

Gelber Hut
- Tonkarton in Gelb, Rot, Hellgrün, Dunkelgrün
- 3 dunkelgrüne Marabufedern
- grüne Papierdrahtkordel, 25 cm lang

beide
- Tacker
- evtl. Cutter
- Heißkleber

Vorlage 15

Material

Erdbeere
- Tonkarton in Rot
- Tonpapier in Grün
- Deko-Efeuranke
- Holzstreuteil: Erdbeere
- schwarzer Filzstift
- Heißkleber

Zitrone
- Fotokarton in Grün-Weiß kariert
- Tonkarton in Gelb, Dunkelgrün
- Reisig
- Holzstreuteil: Zitrone
- Naturbast
- schwarzer Filzstift
- Heißkleber

Vorlagen 16 – 17

Freche Früchte

Erdbeere und Blatt ausschneiden, Gesicht herausschneiden. Das Blatt vorne ankleben, darauf die Holzerdbeere setzen. Die Efeuranke von hinten anbringen (Heißkleber!). Gesicht malen und Hutgummi befestigen.

Die **Zitrone** ausschneiden, Gesicht herausschneiden. Blätter fertigen und aufkleben. Ein Reisigbüschel (ca. 10 cm lang) mit Bast zusammenbinden, aufkleben, darauf die Holzzitrone setzen (Heißkleber!). Die Maske bemalen und das Hutgummi befestigen.

Sommerwiese

Abbildung und Materialangaben auf Seite 20-21

Alle Teile ausschneiden, die Augen herausschneiden.

Bei der **Raupe** die Kreise nach der Vorlage zusammenkleben, dabei das Gewicht ausbalancieren. Bastbüschel (10 cm lang) aufkleben, mit dem Holzapfel dekorieren, die Enden mit Perlen versehen. Die Nase aufkleben, Hutgummi anbringen.

Den **Schmetterling** mit grünen Tupfen und grünen oder gestreiften Ovalen dekorieren. Fühler aus Pfeifenputzer mit aufgeklebten Perlen von hinten befestigen. Das Hutgummi anbringen.

Für die **Schnecke** die Kreise der Größe nach hinter die Gesichtsmaske kleben: zuerst den kleinsten gelben, dann den karierten und den gestreiften Kreis, dann das Schwanzteil. Pfeifenputzer als Fühler durchziehen und mit Perlen dekorieren. Ein Bastbüschel (8 cm lang) und die Nase aufkleben.

Sommer-
wiese

Material

Bunte Raupe

- Fotokarton in Gelb-Weiß kariert
- Tonkarton in Gelb, Orange, Rot, Grün
- Bast in Goldgelb
- 2 naturfarbene Holzperlen, 0,5 cm Ø
- Holzstreuteil: Apfel

Schmetterling

- Fotokarton in Grün-Weiß gestreift
- Tonkarton in Blau
- Tonpapier in Grün
- Pfeifenputzer in Blau, ca. 20 cm lang
- 2 grüne Holzperlen, 1 cm Ø
- Heißkleber

Grüne Schnecke

- Fotokarton in Grün-Weiß kariert und Grün-Weiß gestreift
- Tonkarton in Grün, Gelb
- Pfeifenputzer in Gelb, ca. 12 cm lang
- Naturbast
- 2 gelbe Holzperlen, 1 cm Ø

Vorlagen 18 – 20

Beschreibung auf Seite 18

Landleben

Material

Marienkäfer

- Fotokarton „Marienkäfer"
- Tonkarton in Schwarz
- 2 Wackelaugen, 1,5 cm Ø
- Satinband in Rot, 3 mm breit, ca. 1 m lang
- 2 rote Holzperlen, 1 cm Ø
- evtl. 1 schwarzer Klebepunkt, 1,5 cm Ø
- wasserfester schwarzer Filzstift
- Heißkleber

Gefleckte Kuh

- Fotokarton „Kuh" in Schwarz-Weiß gefleckt
- Tonkarton in Rot, Weiß
- 1 kleine Schelle
- Satinband in Rot, 3 mm breit, ca. 50 cm lang
- 2 Wackelaugen, 2 cm Ø
- wasserfester schwarzer Filzstift

Vorlagen 21 – 22

Marienkäfer

Die Grundform aus Fotokarton, Flügel und Fühler aus Tonkarton ausschneiden. Die Flügel auf die Grundform kleben (Teil 1 auf Teil 2), Fühler und Wackelaugen anbringen. Den Mund aufzeichnen. Die Nase wird entweder durch das Papier vorgegeben oder mit einem schwarzen Klebepunkt markiert. Den Kopf an der Markierung hochbiegen. Ein ca. 70 cm langes Stück Satinband zu einer Schleife legen und mit einem 30 cm langen Band zusammenbinden, die Enden mit den Perlen verknoten und aufkleben (Heißkleber!). Hutgummi befestigen.

Gefleckte Kuh

Die Grundform und die roten und weißen Blütenteile ausschneiden. Mit Filzstift Konturen aufmalen, die Wackelaugen aufkleben. Das Kopfteil an der Markierung nach oben knicken, das Satinband mit der Schelle um den Hals legen und zur Schleife binden. Hutgummi anbringen.

Material

Giraffe
- Fotokarton „Giraffe"
- Naturbast
- 2 Wackelaugen, 1 cm Ø
- wasserfester schwarzer Filzsti

Krokodil
- Fotokarton in Grün-Weiß kariert
- Fotokarton in Grün-Weiß gestreift
- Tonkarton in Grün
- 2 grüne Holzperlen, 8 mm Ø
- 1 Wackelauge, 1,5 cm Ø
- schwarzer Filzstift

Vorlagen 23 – 24

Giraffe & Krokodil

Das Sonnenschild **Giraffe** ausschneiden, das Gesicht aufmalen und Wackelaugen aufkleben. Den Kopf an der markierten Stelle hochknicken und eine Bastschleife um den Hals binden. Hutgummi anbringen.

Für das **Krokodil** den Kopf aus grünem Tonkarton, Bauch und Zähne aus kariertem, Schwanz aus gestreiftem Fotokarton ausschneiden, alles zusammenkleben. Den Kopf bemalen, Zähne an der markierten Linie aufkleben (wenig Klebstoff!), das Wackelauge anbringen. Hutgummi durch eine Perle ziehen und festknoten, auf der anderen Seite ebenso befestigen.

Im Wald

Abbildung und Materialangaben auf Seite 26-27

Aus dem braunen Kopf des **Elches** die Augen herausschneiden. Geweih und Innenohren aus Fotokarton, Nasenlöcher und Haarbüschel aus ockerfarbenem Tonkarton fertigen. Das Geweih hinter die Ohren kleben, die anderen Teile anbringen. Das Maul malen und Islandmoos festkleben. Das Hutgummi anbringen.

Die Grundform der **Eule** aus ockerfarbenem, Federn, Pupillen und Wimpern aus gelbem, Augenkreise und Krallen aus orangefarbenem Tonkarton, Flügel und Gesicht aus Fotokarton ausschneiden. Augen und Nase herausschneiden. Die Augenkreise mit Pupillen befestigen, die Wimpern einkleben. Das Gesicht anbringen, dabei die Federn einkleben. Flügel, Gefieder und Krallen aufkleben, das Hutgummi einziehen.

Im Wald

Material

Eule
- Fotokarton in Gelb-Weiß kariert
- Tonkarton in Ocker, Sonnengelb, Orange
- 2 hellblaue Deko-Federn

Elch
- Fotokarton in Gelb-Weiß kariert
- Tonkarton in Dunkelbraun, Ocker
- Islandmoos
- dicker wasserfester Filzstift in Schwarz

Vorlagen 25 – 26

Beschreibung auf Seite 24

Regenbogen-Fisch & Hai

Material

Regenbogen-Fisch
- Fotokarton in Regenbogenfarben
- 1 Wackelauge, 2 cm Ø
- Tacker
- schwarzer Filzstift

Hai
- Tonkarton in Blau, Grau, Regenbogenfarben (roter Bereich)
- 2 ovale Wackelaugen, 2 cm Ø
- schwarzer Filzstift
- Tacker

Vorlagen 27 – 28

Hut mit Regenbogen-Fisch

Die Grundform und 11 Schuppen ausschneiden. Für das Hutband einen Fotokarton-Streifen von ca. 3,5 x 55 cm fertigen, dem Kopfumfang anpassen, dann zusammentackern. Das Maul aufmalen, Wackelauge und Schuppen aufkleben. Den Fisch so auf das Hutband kleben, dass das Gesicht des Kindes frei bleibt.

Hut mit Hai

Den Hut ausschneiden und an der Markierung zusammentackern. Kopf, Schwanz- und Rückenflosse ausschneiden, die Flossen von hinten am Kopf festkleben. Maul und graue Zähne ausschneiden und vorne anbringen. Den Augenhintergrund aufkleben, darauf die Wackelaugen setzen. Das Gesicht malen und den Kopf auf den Hut kleben. Hutgummi einziehen.

HINWEIS

Den Fisch zunächst nur mit Büroklammern fixieren und dann den Hut anprobieren. So lässt er sich besser anpassen.

Bunte Blüten

Material

Sonnenblume
- Canson oder Tonkarton in Braun
- Tonkarton in Gelb-Orange, Hellgrün, Mittelgrün
- 2 goldgelbe Perlen, 1 cm Ø
- Bast in Goldgelb
- Heißkleber

Tulpe
- Tonkarton in Dunkelgrün
- Tonpapier in Rot, Hellgrün
- Holzstreuteil: grüner Vogel

Stiefmütterchen
- Tonkarton in Blau
- Tonpapier in Grün
- grüne Papierdrahtkordel, ca. 35 cm lang
- Heißkleber

Vorlagen 29 – 31

Für die **Sonnenblume** den braunen Innenkreis, gelben Blütenblätterkranz und grüne Blätter ausschneiden, das Gesicht herausschneiden. Den Kreis auf die Blüten kleben, darauf die Blätter setzen. Das Bastbüschel (ca. 10 cm lang) zusammenbinden und am Blattgrün befestigen. An den Enden Perlen verknoten. Das Hutgummi befestigen.

Die Blüte der **Tulpe** zweimal ausschneiden und versetzt zusammenkleben, dazwischen den Holzvogel fixieren. Stiel mit Blättern in Hell- und Dunkelgrün ausschneiden und hinter die Blüte kleben. Die dunkel-grünen Blattspitzen hinten an der Blüte festkleben. Hutgummi befestigen.

Alle Teile des **Stiefmütterchen** ausschneiden, die Augen herausschneiden. Das grüne Innenteil aufkleben, die blaue „Nase“ darauf setzen. Die Kordel von hinten fixieren (Heißkleber!) und als Stängel zurecht-biegen, auf beiden Seiten ein Blatt ankleben. Das Hutgummi befestigen.

Impressum

ISBN 3-419-56342-6

Lektorat:
Dr. Ute Drechsler-Dietz, Hechingen

Styling und Fotos:
Christoph Schmotz, Freiburg

Covergestaltung und Layoutentwurf:
Network!, München

Gesamtproduktion:
smp, Freiburg;
Layout: Gisa Bonfig

Druck:
Freiburger Graphische Betriebe

Wir sind für Sie da, wenn Sie Fragen haben.
Und wir interessieren uns für Ihre eigenen Ideen und Anregungen.
Schreiben Sie uns, wir hören gerne von Ihnen!
Ihr Christophorus-Team

Christophorus-Verlag GmbH
Hermann-Herder-Str. 4
79104 Freiburg
Tel.: 0761/ 27 17-0
Fax: 0761/ 27 17-3 52
oder e-mail:
info@christophorus-verlag.de

Profi-Tipp der Autorin

So gelingt's besonders gut

Bei mehrteiligen Masken wie der Schnecke und der Raupe auf Seite 18 ist es günstig, die einzelnen Teile vor dem Aufkleben mit Wäsche- oder Büroklammern aneinander zu befestigen. So lässt sich das Gewicht besser ausbalancieren.

Wenn Sie diese Masken mit kleineren Kindern basteln wollen, empfiehlt es sich, den letzten Kreis wegzulassen oder alle Teile etwas kleiner zuzuschneiden.

Weitere Titel aus der Brunnen-Reihe

3-419-56105-9

3-419-56107-5

3-419-56108-3